JN436610

오늘의문학 시인선 387

풋술 한 잔

원상규 시집

오늘의문학사

국립중앙도서관 출판시도서목록(CIP)

풋술 한 잔 : 원상규 시집 / 지은이: 원상규. -- 대전 : 오늘의문학사, 2017
p. ; cm. -- (오늘의문학시인선 ; 387)

ISBN 978-89-5669-802-1 03810 : ₩9000

한국 현대시[韓國現代詩]

811.7-KDC6
895.715-DDC23 CIP2017004697

풋술한잔

원상규 시집

❖ 서시

시인의 고백

詩는 쓰는 것이 아니고
낳는 것
뱃살이 터지고
뼈가 벌어지고
숨결과 유전자를 나누며
분만한 분신
두어 편 소문나기가
스님의 사리 같다

아무도 거들떠보지 않는 웬수
곰팡내 나는 것들 빨랫줄에 널어 말려
차곡차곡 개 궤짝에 넣어 놓고
여차하면 원고지 뭉치 볼펜 뭉치
괴나리봇짐에 챙겨 방랑길 떠나야지

다 해진 신짝
끈 떨어진 봇짐
바람결에 너덜너덜 거리면
설마 들쳐보겠지
행여 보석 숨어 있을까하고

오늘의문학시인선 387

1부 검은 등 뻐꾸기

2부 쓸쓸한 간이역

3부 마지막 학비

4부 이끼 낀 밥사발

1부

검은 등 뻐꾸기

해돋이

천지를 붉게 물들이며 솟는
철철 넘치는 힘
굵은 빨대를 꽂고 꿀꺽꿀꺽 적신 앞섶
품은 불길
세우는 사다리
악착스럽게
낮이 밤이, 밤이 낮이 바동댔지만
지친 막시간
또 빈수레

참으로 홀가분한 년(年) 있었더냐
공떡이 있었더냐
진실이 있었더냐
허리 질끈 졸라매고
밑창 닳은 발 땀내다 보면
담쟁이도 벽을 오르는데.

검은 등 뻐꾸기

밤꽃향기 그윽한 밤
들뜬 맘
얄궂게 달구는
색정 서린 음색
귀를 의심할수록 솔깃해지는
달려가고픈 유혹

—홀딱 벗고
—홀딱 벗고

달님도 빙그레
나도 빙그레.

초침

하루,
시침은 두 바퀴 일하고
분침은 스물네 바퀴 일하고
초침은 천사백마흔 바퀴 일 하고도
늘 푸대접에 구박대기

초침아
서러워 마라
사람도 그렇게 산단다.

서리 맞은 갈잎 한 장

들차던 푸르름
아낌없이 쏟아주고
어머님처럼 깨어나지 못하는 잠을 잔다
빨갛게 노랗게 거멓게

생명 세상에
나이테를 하나 더 그린 갈잎은
빌려 쓴 시간을 내려놓고
방향 없는 길을 가고 있다

넋걷이 끝자락 허허벌판
내 뒷모습 지우고 남은 것은
서리 맞은 갈잎 한 장
갈잎은 그렇게 멈춰 서서
삶과 죽음 사이
벽을 허물고 있다.

까치의 종소리

천직 보따리,
쓸모없게 된 시간,
제상에 젯밥으로 올려놓고
삼배(三拜) 드린
수의 입은 언걸*
육시(戮屍)*의 줄을 매 의(義)까치가 되는 목숨들

천리 낭떠러지
종을 향해 하나 둘 셋
열 번째 머리가 꼬라박히고
스무 번째 머리가 으스러지고
스물세 번째 피가 종을 타고 뚝뚝뚝
딱딱한 세상에 뚝뚝뚝

구렁이를 겨누어야 할
선비의 화살은
까치를 겨누어 시위를 당기고 있었다.

* 언걸 : 다른 사람 때문에 당하는 괴로움이나 해
* 육시 : 이미 죽은 사람의 시체에 다시 목을 매는 형벌
–쌍용 노동자 23명 자살

까마귀

꽈 악 꽈 악… 우짖어대면
귀신 불러와
사람 죽어나간다는
속설에 젖은 불길한 새

병약자 노약자
임종 다가올 때
인체에서 풍겨 나오는 냄새를
후각으로 감지하고
그 집 가까이에서 운다고 한다
까닭은 썩은 식성 때문
알고 보면 지능과 효성이 지극한
똑똑한 새라는데
오해 속에서 천대받아온 억울한 새

꽈 악 꽈 악
대여섯 마리가 나뭇가지 오가며
길을 막고 교대로 울어댄다
지금 등산 중인데.

거미

원시 시대 그때
인간들은 굴 찾아 헤맸는데
너의 나라는 신축성 소재로
쇠줄보다 더 질긴 오늘날과 같은 집 지었다지
칸, 각도, 평수, 몸집에 맞춰
자로 잰 듯한 정밀성
끈끈이 칠과 유연성
초음파 설치까지

집들이 날
온종일 온 밤
촉각 곤두세워 기다린 먹잇감
눈먼 똥파리 하나 얼씬거리지 않아
허기져 핼쑥해진 얼굴

거기도
경기가 말이 아니구나
시세 좋고 목 좋던 곳인데
애써 지은 집 허물고
또 어디로 이사 가야 하니.

마지막 연기

나무토막은
모닥불 더미에서
마지막
언 몸 녹여 주다
재가 되지만

화장터 높은 굴뚝
치솟는 연기는
마지막
허무와 슬픔과 공해를 뿌리다
재가 되누나.

어쩌자고 그러니

오거리에서 좌회전 대기 중
뒤에서 차들이 빵빵 또 빵빵
—아저씨 차 안 올 때 얼른 돌리세요
바로 그 시각 좌회전 받아 오던 차
삑 급브레이크
—뭐 하자는 겁니까?
그제서야 엉뚱한 차선에
서 있다는 것을 알아차렸다

심장이 떨리고
핸들이 떨리고
액셀도 떨리고
차도 떨고 있었다.

무서운 세상 어쩌자고 그러니
정신머리 어디다 빼놓고 다니는 거니
삶의 되질 그리도 힘들었니
시퍼렇게 멍든 삼십 여년 무사고
문지르는 계란에서
퍼런 물이 뚝뚝.

없어진다는 것은

이생에 남겨 놓은 이름
머물러있던 자리에
지나가던 개가 오줌은 싸지 말아야지

쌓지 못한 덕 어쩌랴만
인륜을 저버린 몹쓸 짓거리
뭇 기억 모서리에서 되살아나
입방아 찧어 댈 때
백골의 귀에선 말뚝 박는 소리
이름 석 자는 기름에 튀겨지는 소리
이 무지막지한 벌을
현세에서처럼 덜어 낼 수 없는 셈법이라는 것

없어진 자리에
무지렁인들 어떠하리
잡초꽃이면 어떠하리
땀내면 어떠하리
개오줌보다야 낫지 않겠는가.

아흔다섯 할머니와 고스톱

새마을회관
어쩌다 끼어들게 된
백세 다다른 생각과 치는 화투
그것도 점에 백원
어쩐지 죄짓는 께름칙한 기분
헌데 첫판부터 기 죽이는 고
그 덕에 광 팔아 간신히 메꿔 나가는 밑천
한 번은 십 점 박을 내가 씌었고
한 번은 십오 점 박을 씌우게 돼
—죄송해요
—날 졸때기 취급하는 거여
서슴없이 내지르는 지폐
눈치 계산 씀씀이 아직 살아있었다

해가 기울어도 흐트러지지 않는 자세
옆에서 쭉 뻗는 다리 같잖게 흘기는 눈
할머니 앞엔 마르지 않는
백 원짜리 천 원짜리,
고된 무릎팍 먼저 일어섰다
탈탈 털리고.

어느 여배우의 자살

숫티
감언이설로 흠낸 색계(色界)
지키지 못한 정절 씻겨내고 닦아내다
바싹 야윈 깃발
넉살 한 복판 꽂아놓고
화톳불에 눕는다

유언쪽지에 박혀있는
시세 높은 이름들
죽어서 갚으려던 굴욕
시시비비 너스레 떨다가
쿵 덮어버린 유리 뚜껑

귀신도 타넘지 못한
질척이는 높은 벽
저 불쌍한 몽우리
떠도는 혼령의 고발
그냥 짓밟혀 뭉개졌다.

생 똥 한 덩어리

아, 비밀번호?
죄어도, 죄어도 삐져나오는
눈치 없는 놈
문 열어라 휴대폰 고함소리
쌀 뻰했던 망신살
얌전히 서려있는 예쁜 녀석
비싼 놈이라 탐스럽고 복스럽네.
어제 생일 턱이었거든
뭐니뭐니해도 애가 상쾌해야
엉덩이 바람 신난단 말씀이야
탈나봐 기(氣)가 설컹거리지
아마도
낙원 동산 거기서는 향긋했을 거야
원죄가 사악함을 품고 굴러오는 동안
고약해졌을 거야
산다는 것은 마려움의 노예
그 누구든 턱 까불* 순간
생 똥 한 덩어리인 것을.

* 턱 까불다 : 사람이 죽을 때 숨을 모으려고 턱을 떠는 짓

시골 이발소

허전한 시간 찾아들면
낯익은 얼굴과 말 끼들
이 동네 저 동네
고릿적 시절부터 밤새 일어난 일까지
음담 음통 풍문……
걸쭉한 입담들이 맥질하다가
난봉짓으로 재산 털어먹은 일
자식 '사'자 만든 자랑
수절과부 정절에 침 바른 이야기로
껄껄대다가
내기장기 소주잔 속에
저물어간 성성한 백발들

이발사 돋보기 너머로 떨리는 손
사각사각 수염 자르는 시퍼런 날
아슬아슬 지나다니는 목과 턱 선
세상모르고 코 고는 숨소리

바람에 너덜거리는 간판
녹슨 자물통

북적대던 한 자락이
옛말 속으로 둥둥 떠내려간다.

피정*

푸짐한 잔치 상
쏟아지는 말씀의 사리
그 맛
멍?
비몽사몽 노를 젓는데
쿵쾅 스치는 번갯불
만남
완성의 만남
실존형태의 팔을 베고 누워
거칠게 묻은 세상 먼지들을
툭툭 털어낸다.

* 피정 : 일상 생활에서 벗어나 성당이나 수도원 같은 곳에 가서 묵상, 기도를 통하여 조용히 자신을 살피는 일

12월 끝자락에 서서

뭉텅 잘라 먹힌 삶의 갈피
역(逆)으로 넘겨본 시간
장(張)마다
빼곡히 적혀있는 매캐한 조각들
하나하나 열 세워보면
살아 있다는 것에서 아우성
죽어 있다는 곳에서 고요함
포개진
뜰뜰거린 수레바퀴
한바탕 볶이고 난 장마당
가면은 벗겨지고 뿌다귀에 찡긴
쉬척지근한 언덕 빼기
또 어떤 바람이 불어오려나.

낯간지러운 적선

천 원짜리 국수집
바글바글
기웃거리는 한 할머니
지팡이 기대놓고
—700원, 300원 내일 갖다 줄게
—제가 주인이 아니라서 마음대로 못해요

무안당한 얼굴 빛
침 꿀꺽
시장기 억누르며
집어든 지팡이
—아주머니 한 그릇 말아 드리세요.
고마워 어쩔 줄을 몰라
쑥스러울 정도로 인사를 거듭
그것도 적선이라고 가벼워지는 발길
빈 잇몸 사이로 국수가닥 넘기는
허기 메우는 소리가 반갑다.

구겨진 화장지

산행 쉼터
휙 스쳐가는 회오리바람
하필이면 내 얼굴에 턱 달라붙은
채 마르지 않은 지린내 욕지기
꽤 깊이 닦았는지
묘하게 구겨진 형태에
까만모(毛) 한 가닥까지

앞에 희희덕거리며 지나가는
대여섯의 여인
십중팔구 그 중 끼어있을 텐데
뇌리에 박힌 상상의 지린내 꺼내 가라고
욱대길 수 없는 노릇
씰룩거리는 엉덩이 뒤따라가며
짓궂은 회오리바람 탓할 수밖에
냄새만 실컷 맡은 액땜
일행들 껄껄거리며 술 한 잔 사라한다
아리까리 생송생송 술값이 달달했다.

구멍

자연은 원
원에는 본디부터 생겨있는
미세하고 가늘고 굵은 구멍과 관들의
일사불란한 움직임 그 역할로
심장이 뛴다는 것
욕구가 벌렁거린다는 것

헤아릴 수 없는 종끼리
문수(文數)로 인해서
망가지거나 탈난 것은 없다는 것
혈관이 무수히 얽혀 꿈틀거리는
구멍들은
숨쉬기 위한 것
낳기 위한 것.

오갈피나무

어른 키 높이
몇 년 쯤 컸을지
떡갈나무 뒤 숨죽여 서 있는 것을
벌떼처럼 날아든 인파

—오갈피나무다

미친 듯이 지팡이로 꼬챙이로
중간쯤 파내려가
혼자 당기다
둘이 당겨
쑥 빠지는 허연 뿌리
낄낄거리며 신문지 둘둘 말아
배낭 속에 처박는 개 심보
이기심 지나간 자리
씨를 말리겠다
쭈그렁이만 남겠다.

길

온 길 있으면
갈 길도 있는 법
낭떠러지 길
내려다보고
왜 고개 떨구나
그 길도 생존길 같이
밀치며 자빠지며 바삐 가는 길이거늘

삶에 그어진 길
꽁무니 빼거나 아쉬워 말고
생활처럼 걸어 가자
혼자 외롭거든 노래 부르며 가자
찬송가 염불가 들리거든 춤추며 가자.

산뽕

커가는 누에
턱없이 모자라는 먹이
뽕 찾아 헤매는 산
남녀칠세부동석 해방된 날
뽕도 따고 임도 보다가 정분 넘쳐
뛰어넘은 담장
밤새 난질에 젖은 두 자웅
깜박 눈떴을 땐
―똥물에 튀할 놈아
―옘병 앓다 죽을 놈아
녹초가 된 멱살
쑤셔놓은 벌집

법은 힘센 쪽의 편
헌 처녀 만든 죄
가택 침입 죄
쌀 삼백 가마 삼 개월 콩밥
거덜난 판결, 쑥대밭 집안
희끗희끗한 머리카락
오늘날도 쑥덕쑥덕.

단발머리 소녀상

머리맡엔 곤두선 칼날이
옆구리에는 살점 붙은 해골이
발치에는 굶주린 늑대들이
기하학적으로 풀 수 없는 만행

반항 저항 하던
조선소녀의 넋은
금이 갔습니다
산산이 금이 갔습니다
해를 볼 수 없이 헐고 헐어
마네킹이 된 채 박혀드는 옹이
그 수정(水晶)체 속에는
민욕의 서러움이 그득 고여 있었습니다

몸뚱이와 맞바꾼 알량한 명줄
멈춰선 생혼의 시계는 돌덩이를 목에 걸고
갈래갈래 찢긴 꽃다움을 추스르며
떨리는 손으로 퍼내는 차가운 역사 한 그릇
세월 더께로 못질을… 하면 할수록
덤터기로 살아나는 기억

도려내고픈 치부를 펼쳐들고
이슬기 서린 단발머리 소녀의 원귀는
시퍼런 칼날을 입에 물고
일장기 심장을 썸벅썸벅 긋고 있습니다
비가 오나 눈이 오나 바람이 부나 긋고 있습니다
냉혈을 토해 낼 때까지.

다리를 꼬는 여자들

다소곳 숨 죽였던 콧대
휘날리는 고갯이 바람
떳떳해졌다
거만해졌다
당돌해졌다

공간마다 꽉 찬
임계선을 타 넘은
희멀건 폭풍의 살덩이
포개진 긴 다리
일렁일 때마다
태산을 빨아들이려는 야성
소가 되는 영웅들
앞치마 두른 남자들
낮도 거꾸로
밤도 거꾸로
세상 도는 맛 아리송 달콤하다.

2부

쓸쓸한 간이역

홍고추

여름 내내 여신(女神)이
사타구니에 손 넣고
주물럭주물럭
잔뜩 성이 나 얼굴 붉히네

성내 본들 어쩌겠소
여인네 손 쓰다듬다
바싹 말라
비록 가루가 됐소만
입안은 얼얼
매운맛은 살아 있다오.

진달래 밭에서

뇌리에 오롯이 끼어
활짝 웃는 볼우물
봄 햇살 돋으면 시비를 걸어온다
—왜, 왜 깨트렸어

참꽃 한주먹 오물오물 씹다가
입 오므려 길게 내밀고
후후 불어주던 입김
폐 속 깊이 파고들던 향.

이마를 맞대고 걸어오는 꽃 싸움*
치마폭에 꽃술이 수북
져줘야 직성이 풀리는 아양끼
꽃물 든 두툼한 입술 빨아들이는 호랑나비

하얀 블라우스 등에 찍힌 꽃무늬
낭만으로 입고 다니던 그녀
대학노트 갈피갈피 끼워놓은
진달래 표본

사랑의 낙서들
매년 이맘때면 통증을 앓는다.

* 꽃 싸움 : 꽃술 한 가닥씩 맞걸어 당겨서 끊어지고 끊어지지 않음으로 승부가리는 장난

농다리*

삼백 십 척(尺)
스물여덟개의 발
천년을 걸어 예까지 온
눈빛과 눈빛
심장과 심장
요동치는 맥박이 너무나 닮아 있다

닮은 짚신이 산더미
전설과 유래도 산더미
긴장과 놀람도 산더미
격랑의 숨결
덧 밟아 걷는 발걸음
신라 시대로 걸어가고 있다

역사를 허물며
생생히 살아있는
소쿠리 공법
목청 높여 자랑하고 있다.

* 농다리 : 충북 진천군 문백면 구곡리 세금천에 놓여진 옛 돌다리
(유형문화제 제28호)

느티나무와 연자방아

동네 한 복판 느티나무 밑
낙엽 뒤집어 쓴
닳아빠진 연자방아 한 쌍이
상(床) 노릇도 하고
의자 노릇도 하다가
침대 노릇도

고려 말
디딜방아가 전부였을 무렵
우의정을 지낸 유관이란 학자는
힘 덜 들여 많은 양을 찧을 수 없을까
궁리궁리 끝에 만들어낸
발명세로
근근이 살았다던 신식 틀

청승맞은 소리가락 따라
원을 도는 마, 소
우겨넣는 잽싼 비질
쓿은 쌀 까부르는 키질
하루해가 어지러웠지만
새로운 방아에 감사하는 백성들.

옥수수 생각

십 오동, 삼십 육층
사백사십 세대
원기둥 아파트가 서 있다
짓는 공법 아닌 낳는 공법
음식도 연애 사랑도 하고
자식도 낳는 하늘 아래 단 한 동
말 이빨 모양의 창문
미색 커튼 쳐 있어
겉으로 보기엔 어둠 같지만
그 속에는 햇볕 전기불도 켜 있고
오손도손 귀 기울여
여름이 연주하는 음악도 듣는다

천사 마음씨 사는
착한 동네에
어느 틈에 뻥튀기 꼼수들이
층층호호마다 일으키는 검은 바람
이럴 때마다 속상한 아파트는
본래의 옥수수 꿈을 꾼다.

돌무지

허우대가 멀쩡한데 버려진
소갈머리
괭이 끝에서 불똥이
자루가 몇 번 부러지고
지렛대가 휘어지고
부르튼 손바닥에 물집
인내는 한계선에서 주춤주춤
뒷걸음칠 즈음
큰발종달새 졸졸 따라다니며
굼벵이 지렁이 새끼들 배불리는 어미

천대받던 돌 구렁
자갈 더미, 돌 더미 뱉어내고서야
걸찬 옥토에서 탐스럽게 길러내는
예쁜 잎들 열매들 이삭들
새 괭이가 몽당 괭이
그 아픔을 통해서
삶 원리를
해가 어스름해서야 깨닫는 어리석음.

달은 천의 얼굴

저 둥근 달
한 얼굴이라고 우기는 것은
잘못된 억측
고향집 안뜰에서 바라보면
포근한 솜이불
객지 툇마루 걸터앉아 쳐다보면
차가운 얼음장
삶이 넉넉할 때는 응원의 손뼉을
삶이 아플 때는 쓰디쓴 냉소를
동산에 올라서서
바닷가 이르러서
마주하면 또 다른 표정
내 마음 그대 마음 누구의 변덕이요
알 수 없는 천의 얼굴

어딜 가나 저 달이
포근한 고향 달
바깥 인심이었으면 좋겠다.

사진 속 한 쌍

장미 세 송이 만지작거리다
떨림으로 골라잡은 한 송이
마음의 지퍼를 반쯤 열고
묻은 얼굴
캐럴송이 흐르고
성당 종소리 울리고
함박눈으로 덮여있던 외투

두 마음 여무는 동안
세상 파고를 넘나드는 동안
낳고 기르는 동안
이방인이 된 줄도 모르고
무젖은 난간에 서서 목청껏 소리쳐도
빤히 쳐다보기만 할뿐 들리지 않나보다

딴딴하게 둘둘 말린 두루마리
원점으로 되돌려 준다 해도
이 자리 서 있겠다
색 바랜 앨범 살포시 접는다.

신종 독감

슬그머니 안겨든
달갑지 않은 여인
끈질기게 찝쩍대는
뼈마디 속까지 후벼 파는
신종 여(女)의 교태
불붙는 난질
불덩이가 온몸을 물어박지른다

그쯤 보겠으면 떠나갈 만도 한데
찰거머리처럼 붙어서
동맥 심줄 퍼런 멍 자국
남긴 뒤에야
꼬리를 내리는 색 여

잔설 밟고 들어선 병원 문턱
꽃물결 벗하며 나선다.

야간 기차여행
– 피서

레일의 아우성
자장가로 들리는 부푼 맘
탈옥수 같은 희열
훤한 시간을 잘라 배낭에 짊어지고
까만 시간을 뭉개며
마음은 해변에 가 있다
이슥한 객실
의자에 기댄 쪽잠 민낯들과
어정쩡 지샌 일박

수평선 헤집고 솟아오르는
이글거리는 불덩이
모래밭은 온통 젊음의 살결로 도배질
틈바구니에 끼인 개밥의 도토리

한때 강 가로지르던 근육
파도타기 재미로 놀던 솜씨
삼십 미터도 헉헉
차라리 썬그라스 뒤에 숨은 눈요기가
훨씬 더 쏠쏠하겠다.

쓸쓸한 간이역

무턱대고 떠나는
서성이던 발길
역 마당가 은행나무에
주렁주렁 매달은 살가운 정

장날이면 객실 한 칸
통째로 차지하고 드나들던 마을
댕기머리 더벅머리 파마머리
한 번 밀려간 썰물
다시 차오르지 않는 밀물
코흘리개부터 눌러 붙은
손 때 묻은 대합실
모른 척 내달리는 얄미운 열차들

기적 울릴 때마다 빽빽했던
동구 밖 길녘
등 굽은 저쳐눈에
허깨비만 아롱아롱
다 씻겨 내려간 객창.

족제비가 물고 온 약초

농촌 옛 주택
활짝 열어젖힌 여름 밤
쥐 쫓던 족제비
제 속력 못 이겨 타넘은 문지방
어루는 알궁둥이 걷어차며
농틈으로 숨은 훼방꾼 침입자
우당탕퉁탕 아수라장
사정없이 두들겨 팬 마대자루
—이 놈아 하필이면 고 순간 대냐
축 늘어진 숨통
마당 한가운데 내 던졌다
기다리던 짝꿍 화들짝 놀래
연거푸 몸 핥으며 씹어 먹인
풀잎?
약초?

밤샌 이른 아침
빈 마당이었다.

종이컵

적절히 써먹고
가차 없이 팽개치는
팍팍함 속에서
스치듯 만나
언 생각을 잠시 녹여주는
한 모금 한 모금 쏟아내고 나면
구겨져야 하는
쭉신*

너도 일회용
나도 일회용
해 기울고 잔 기울면
버려지는 쓰레기

*쭉신 : 해지고 쭈그러진 헌 신

천수둥지

강과 바다가 동떨어진 고장
오직 더위를 식혀주던 보
물 안팎 어른아이 할 것 없이 바글바글
높은 바위에선 다이빙
가장자리에선 물장구치는 꼬마들
봇둑 밑에선 어죽 끓는 냄새

한창 무르익던 한낮
사람들이 빙 둘러서서 웅성웅성
땀 흘리는 인공호흡
달려오는 119차량
외아들 잃은 곡소리
넋을 건지는 무당의 굿

매년 앗아간
그 숫자… 흉천(凶川)
철조망과 경고문이 보초를 서있다
오뉴월이면 곡소리가 더욱 구슬프다.

버스 안에서 마주친 여인

고속버스 안
한 시선이 뒤통수 매달려
뒤 옆 좌석까지 따라오다가
고개를 갸우뚱
120각도로 제친 의자에
덥석 기대어
홀 맺힌 타래 뭉치를 푸는 듯 했다
닮은 사람으로 착각 그렇겠지

내릴 시간
뒷머리 매만지는 척 획 뒤돌아보는
또렷이 마주친 눈여김,
쌍까풀 까만 눈동자가 특징이었던
낯익은 뒷모습
기다, 아니다, 아니다, 기다
먹먹한 채로 말문이 닫혀버린
단풍으로 떨어트리는 꾼결
그녀 옆에는 노년의 신사가
내 옆에는 노년의 숙녀가
모른 체 걸어가고 있었다.

발령

넌 서울 국, 난 지방 국
뜨음한 시간이 동강 낸 여물다 만 찌그렁이
반백의 뒤곁에서 돋아나는 야무진 두드러기
피가 나도록 긁다보면 사그라들겠지
바싹 마른 호수 그만 묻어버리자
자국 없이 묻어버리자
또 만나더라도.

밤의 산책

부유물이 가라앉은 밤
한 시간 가량 걷는 산책
산들 바람에 섞여오는
풀향기 풀벌레 개구리 노래
간간히 뻐꾹새 소쩍새 하소연도,
그 애틋한 여운들이 보폭에 차여
튕겨 오르는 초여름 밤

개울물 구령에 발맞추는
잰 걸음
채 못 미치자
허리춤 잡아당기는 익살스런 장난 끼
반보쯤 앞장서야 직성이 풀리는
그녀 뒷모습에는
말라붙은 삶 덤터기가
달빛에 찰랑찰랑 가슴이 저며 옵니다.

만남의 깊이와 무게
갱도 어디쯤 걷고 있는 건가요
터덜거린 비포장 길

지루하거나 시들할 때는 없었나요
다시 돌이킬 수 없는 아득한 언덕에
살며시 시집 한 권 얹어놓습니다.

몽당이발 기구

왜적 총알받이로 꺼둘리기 싫어
올가미에 걸린 오소리가죽 팔아
야반도주 중국 만주 땅 숨어
공짜 머슴살이 삼 년 만에
눈치 너머로 훔친 묵혀둔 기술

사변(事變)통,
죽을 고비 넘고 넘은 남쪽
서슬 번뜩이는 시장바닥
깔개만 있으면 간이 이발소
그냥 지나칠 수 없는 더벅머리들
기계가 찐득찐득
가위질에 잘리는 이, 서캐
흡사 빨지 않은 걸레
난리에 부대낀 상처가 눈물겹다

파편 틈바구니에서 건져 낸
오직 피붙이
솜털부터 깎아온 머리
고(高)3 무렵 거무스름 돋은 턱수염

—야 이놈 봐라 사내구실 하겠네
따뜻한 슬하 고이 접어 시렁에 올려놓고
살 길 까붐질 하는 사이
이발사는 가늘어지다 흐려지다
지신(地神) 부름을 받았다

흰 보자기 싸인 몽당이발 기구
하염없이 우려 나오는 그루터기
기계 가위 놀리는 소리
지금도 솜털 머리를 깎으신다.

마포 갈매기 집

출출함이 부추기는 퇴근길
환풍기가 내뱉은 동하는 냄새
진종일 억눌린 긴장 지칫지칫 끌려드는 발걸음
상(床)마다 꽉 찬 꼬부라진 혀
—야 사는 거 너무 껄끄럽지 않니
소주골목 침 삼키며 그냥 지나치는 따분한 맘 아냐
걸쭉하게 구슬프게 늘어놓는 푸념들과 뒤섞인
화덕 전두리 둘러앉은 시인들
다부지게 풀어헤치는 윗옷
석쇠 노릇노릇 맛깔스런 살점들
위하여 부딪는 잔잔잔 찌릿찌릿 영글어드는 술기
불그죽죽한 잔말들이 술잔 위를 삐꺽빼깍 비틀비틀
—시(詩)란 별거냐
삶 언저리에 눌러 붙은 찌끼를 긁어내는 것
인생의 잔고를 털어내는 것
어둡고 추운 기억들을 들춰내는 것
뭐 그런 것 아냐

시상(詩想) 갈피갈피 졸졸 부어대는
병 주둥아리
말라붙은 붓 끝에 겨우 맺히는 이슬.

천하지 대본

낟알은 곧 생명
이 뜻을 업신여김은
하늘의 복을 털어내는 짓
지금 넉넉함에 시건방진 거드름
지나친 섭취로 홍청거리는 질병들

식량은 남아돈다는데
지구 절반이 굶주림, 이것은
식량 종말단계로 들어서는 길이란다
도둑놈들에게 나라가
겁탈당해서 그렇단다

허물어지는 논둑
돌 자갈로 메워지는 논바닥
녹슬어가는 쟁기
어두운 조짐들이 밀려오는데
구석에 처박힌 천하지 대본.

품앗이

다듬고 절이고 버무리고
남는 것 모자라는 것 서로 나누며
잽싸게 놀려대는 솜씨
하하 허허 재깔이는 수다
뒤집어지는 접시
저마다 끄집어내는
애잔한 시집살이 이야기에
콧물 눈물 닦아내랴
김치 버무리랴
해거름 안에 거뜬히 해치운
배가 빵빵한 냉장고

한약재료 넣고 푹 삶은 전지살
금방 묻힌 속고갱이 얹어
밥알 뜨는 동동주 한 사발 쭉
벌어지는 동네잔치
반 걱정 덜어낸 겨우살이
이제 퍼 나르는 일만 남았다.

동면인 줄 착각했어

공기순환 차
북향 창문 열자마자
얼굴 확 할퀴는 틈새로
훔쳐 본 생강나무 밑
퉁퉁 부어 있었어

삼동(三冬) 뻗대며
죽은 듯 산 듯 웅달 표정이,
시치미 뚝 뗀 당찬 침묵이,
남보다 일찍
꽃 한 송이 낱 잎 한 장 더 틔우고 맺히려고
언 땅을 녹이고 있다는 것을
미처 알아채지 못했거든
그냥 깊이 든 겨울잠인 줄 착각했어.
따뜻한 방안에서.

나물 밥

버들강아지 눈뜨면
보릿고개에서 불어오는
허기 바람
햇순 뜯는 손마디 잘 날 없었지

떡잎으로 태어난
이지러진 삶
금싸라기보다 더 귀한 낟알
늘리고 늘린 곡기
소여물과 다름없었던 밥
아무리 먹어도 채워지지 않던
쭈구렁 배
가난의 긴 수렁

건강밥상
산미(山味) 찾는 웰빙 입들이여
한 술, 한 술 뜰 때마다
민초(民草)의 엉그름이 섞여 있었음을
잊지 마시길.

내복

단풍 질 때 꺼내고
꽃 필 때 벗었던 허물
바깥 날씨 살피며 선뜻
할아버지 솜바지 그랬듯
아버지도 불현듯 지나가고

봄 햇살 간지러워
훌훌 벗어 세탁기 처박던 날
하필 꽃샘 억척부린 날
재채기로 설친 밤
다시 꺼내든 망신

홑바지로 소대한 얕잡던 한창 때
어느 모퉁이 걸어놓고
꽃샘추위도 못 이겨
익은 봄을 기다리는 모지랑이
호롱불 돋우어 이슥도록
헝겊 덧대 꿰맨 누더기 내복
따스한 손길 사무쳐 오고
그 아랫목이 그립다.

엄마와 아들

일류대(大) 다그친 성화
속진을 끓이고 끓이던 한계에 찬 인내
연을 이은 탯줄,
퍽 끊어지는 소리
부모들은 몽둥이를 맞았고
스승들은 절뚝발이가 되었다

혼령과 생령은
시치미를 뚝 뗀 체 나란히 누워
엄마의 따뜻한 속 불을 쬐면서
어리광 부리다 문득
엉클어진 타래를
으깨진 모성을
검뜯다 터진 목울음
누가 그 누가 어떻게 달래주고 풀어줄 것인가
다시 태어나도
젖을 먹이고 빨 것인데.

* 일류대 다그침이 빚은 엄마 시신과 함께 8개월

배 따면서

야성을 기형으로 길들인 터널
주렁주렁 매달린
쥐면 꺼질까 불면 날까
그을린 눈매 휘돌며 웃는 가을

잎 살* 속에서 들려오는
생성의 울림
꽉 찬 짜릿짜릿한 손아귀
흡사 첫 여인의 가슴
한 개 한 개 따 담을 때마다
퉁겨 오르는 가지
멀거니 쳐다보는 하늘
애썼다고 쓰다듬어주는 햇살

쿵 소리에 가슴이 덜컹
옆구리 터져 굴러가는 주먹덩이
뭉텅 베어 문 자국에 그득한 생각
미어지는 저장고

드나드는 홍정꾼 신바람에

함박웃음이 터지는 배 밭

* 잎 살 : 빛 에너지를 이용하여 공기 중에서 빨아들인 이산화탄소와 뿌리에서 흡수한 수분으로 탄수화물 즉 과육이 생성됨

대추나무

어느 대낮
꿀벌 떼들이 윙윙 북새통 떨길래
의심이 놀랬어
좁쌀 닮은 미색 꽃이 꽉 차 있는 거야
신바람 난 수꽃과 암꽃
어느새 팥알만한 신생아들이
다닥다닥 또 놀랬어
어미나무는 다칠세라 감싸 안고 에화둥둥

늘어진 가지
한창 무르익는 핑크빛 아침
실팍진 것 한 알 뚝 따
오도독 툭 터지는 향 단맛이
혈속으로 확 퍼지자
시들해있던 생기가 치솟는 거야
꽉 막힌 오장육보가 시원해지는 거야
세상이 고파서
가을 내내 오가며 생으로 반은 삼켰어
조상께 미안했지

달과 가로등

두 빛
대낮같은 방안
누가 더 환한가
골풀이 다툼을 벌이다
밝기를 달자고 덤벼드는 가로등
저울눈금이 제 쪽으로 기울쯤
먹구름 걷히면서 달빛 쪽으로 기울자
풀죽어있던 고집
다시 먹구름 밀려오자
이번엔 제 덩치가 더 크고 무겁다고
제가 더 높이 솟아 있다고
억지 쓰는 저 교만
하기야 제 발치만 내려다본
좁은 소견으로
천하(天下)의 밤을 비추는 깊은 속을
어이 알리
커튼을 치고서야 잠이 들었다.

3부

마지막 학비

단양적성 비

1461 무렵
펄펄 날다 어떤 연유로
하 오랜 세월 동면 하셨는지
그 잠 깨워
새 세상 오심을 껴안습니다.

칼 부딪침 요란할 때
날쌘 세력 걸터앉아
충신질 역적질 염탐질 잘해
신라 춤추게 했고
고구려 눈물 흘리게 하셨나요
그 공로로 영웅 돼 으스대다
보복 두려워
무덤 없는 지하에 숨어계셨나요
이 세력 저 세력에 시달린 속앓이
눈물 닦아 드립니다
이제 편히 쉬십시오.

떡국 한 그릇의 무게

설 아침
푸짐하게 한 대접
그릇 포개질 때마다
익어들던 철
보태기 또 한 살
알량한 상식도 늘고
얼렁뚱땅도 늘고
넓게 높게 보는 눈도 어스래 떠지고
많은 술잔 나누기도 바빠지고
올려 딛는 계단 정점 이르러
내려다 본
새삼 부대끼는
빈 그릇 높이가
생문(生門) 키를 재고 있다.

봄

기지개 켜자마자
냅다 쏟아낸 알덩이들
웅지 품고
양지쪽 얕은 물가
쥐죽은 듯 숨죽여 할딱인다.

야살스런 바람이
부추기는 햇살
두덩 바싹 다다라 살랑이고
팅팅 부푼 호벅진 풋 가슴
불덩이로 넘나드는 맨살들
점점 세차지는 요분질 소리
꽃으로 뒤덮이는 산야
짙어지는 푸르름.

마지막 학비

밭갈이 씨암소
동네에서 탐내는 일꾼
네 발로 버티다 엉덩이 얻어맞고
팔려가는 뒷모습
빈 외양간
여물 먹는 소리
워낭소리
살림이 반은 축난 것 같은
허전함

—네 뜻 이루기 전엔 집에 오지 마라
애비의 마지막 학비다

진달래가 앞산을 세 번 물들인 봄날
아버님은 신이 나서
머리맡에, 마실 다닐 때, 논밭 일할 때
늘 따라 다니는 휴대용 라디오
가끔 민요와 사연 담아 띄워 드리면
혼자 덩실덩실 춤추셨지

—아들아 오늘 네 뉴스 목소리 참 멋지다
수화기에서 들려오던 싱글벙글
억지로 끌려가던 누렁이 울음
밤하늘에 별처럼 닿을 수 없는
반짝이는 빛.

한가위

머무는 곳이 고향이라지만
한낱 푸념의 거짓말
고향 달은
동지섣달도 포근하고
객지 달은
오뉴월도 썰렁 시리다.

빽빽하게 늘어선 차량행렬
굼벵이 걸음도 즐겁기만 한데
높은 벽 창살에 걸터앉은
저 만월
고향언덕에 마음만 깔아놓은
우렁이 속 어이 알리

마중 눈길
매정하게 밀치며 솟는 해
기다림 닦아내는 앞치마
냉랭한 제상
송편 맛이 모래알 씹는 맛.

새 쫓는 할아버지

가을 햇살에 토실토실
영글어가는 송아리
눈치 살피는 도둑쟁이 들

우어이 우어이

쉰 목소리
양철통 두들기는 소리
우르르 날개짓 소리
농사일보다 더 고된 품을 팔고 있다
그렇지 않아도 쭉정이삶인 것을
얌통머리 없는 놈들
하늘만한 그물 있으면 확 치고 싶다

진종일 허수아비 짓 하다가
땅거미 진 후에야
내동댕이치는 양철통
서늘한 밤바람이
굽은 등에 으스스 얹힌다.

할머니의 묘기

할머니 머리 위에서
제멋대로 노는 커다란 보따리
몸 따로 고개 따로 보따리 따로
아슬아슬 곡예 묘기 스승은 누구
알땅뙈기 한 뼘 없는
줄줄이 꿰찬 애옥살이
이른 새벽
모닥불 쬐면서
새우잠 자면서
꼬라박히면서 터득한
껄끄러운 세상이 가르쳐준 묘기지

생딱지
아물기가 그리 힘겨운지
가냘픈 몸매 이고지고
꽁무니바람에 떠밀려
에움길을 걷는 뒤뚱 걸음
엇나간 생채기의 두께가
너무나 시리다.

우거지

겉잎 더미 속에서
주섬주섬 골라 다듬은
푸르고 연한 두어 삼태기
힐끔 쳐다보는 눈치

속포기 생각,
우거지 생각,
서로 엇갈린 퍽퍽 내지르는
본데없는 성질
쏜살같이
다시 거름더미로 내달리는 야속함,
펄썩 주저앉은
풀죽은 시어머니
—당신 술 속 풀어주던 우거지국
이젠 산 넘어 갔수.

서랍

뒤적이다
어느 것 하나 버릴 수 없어
다시 주워 담은
십육 년,
삼년,
이십 오년,

케케묵은
증명서들 틈틈에 붙어있는
누런 사진, 누런 숫자가
토해내는
해돋이, 해넘이 심장소리는
내생의 이력서

노을 언덕에
널어 말리는 골동품
재가 될 때 재가 되겠지
다시 입을 다무는 서랍.

아령

23가지 체위
23×40(6kg)=920번

뼈마디에서 열이 나고
등줄기에서 땀방울이
심장은 뛰고 거친 호흡
벌겋게 달은 쇠
냉 온 담금질
호떡 만하게 솟은 알통
희미한 왕(王)자
툭 쳐보는 물건
이리저리 폼을 잡는다.

달아오른 발산의 열기
하루의 일과가 상쾌해
그 덕에
몸뚱이가
멀쩡하게 잘 걸어 다닌다.

아내의 핀잔

맏손자 돌
수수팥떡 백설기
바리바리 바쁜 손길
깔때기 대고 따르라는 복분자즙
그냥 병 주둥이 맞대 졸졸졸
—에구머니 이게 뭐야
아까운 거
시킨 내가 얼 빠졌지
부랴부랴 닦아내는 홍건한 걸레

말 들을 걸
젠 척하다가
부대끼는 아내의 핀잔
십리 밖 나온 입
휴게소
커피 한 잔으로 풀어낸 화
마중 나올 손자 너석 이른기려
속력을 낸다.

서방인지 아이인지

—여보 이리와 봐
—왜 그래
—글쎄 와 보라니까
—대체 왜 그러는데
—오라면 오지 잔말이 많아
버럭 성질을 낸다
—뚜껑 열어봐
누런 똬리가 눈을 치뜨고 쳐다본다
—여보 이거 내 것 맞아
단 두 식구
능청 떨어보지만
책잡힌 주제꼴마냥 작아진다

에이그
서방인지 아이인지
언제 철들 거야
혼자 중얼거리며 물을 내린다
박박 문질러 닦는다.

몽당비

까맣게 찌든
더는 쓸리지 않는 고갱이
마지막 봉당을 긁는다

덩실덩실 복을 쓸어들이고
꺼이꺼이 액을 쓸어내고
때로는 영문 모른 화풀이로
마당바닥 부엌바닥 패대기쳐지다가
아궁이 앞에서 부지깽이와 나란히
연기 쐬며 밥 냄새 맡았었지

시꺼멓게 그을린 부뚜막
진흙 헌 대야에 풀어 푹 적셔
쓱쓱 맥질
깔끔해진 부엌 흙 향 진동
며느리 점수 따는 날
닳고 닳은 뜯게 몸 퇴비 더미에서
한 폭의 곡식으로 되살아나리.

여우비

해맑던 하늘 갑자기
뾰로통해지더니 웬걸 우두둑
급히 뛰어든 숲속 우산
물에 빠진 생쥐 꼴
졸지에 질퍽이는 등산화
어찌할까 망설이는 생각
집어삼키며
컴컴해지는 먹구름
더 세차지는 빗발
호기 부리던 객기
하산
차에 오르는데
물 뚝뚝 떨어지는 꽁무니
잡아당기며
암 여우가 방긋 웃는다
언제 그랬느냐고.

딸 시집가던 날

얼떨결 떠밀려 넘긴 하루
밤 깊어질수록
알씬거림이 떠올라
서툰 술잔 기울이고 기울여도
취하지 않는 밤
아내, 감추었던 눈물 왈칵
누구나 다 가고 오는 것을
가슴으로는 반기면서
웬 청승을 떨고 있는지

삼십 년 어깻바람
고운 빛깔 서 있던 자리
그 어떤 색으로도
채워질 수 없는 허공
세월이 약이란 말 위로가 될는지

네 둥지
네 날개
활기차고 넘치길
기도할게.

막내 장가보내던 날

발등에 떨어진 불
한 짐 한 짐 덜어내던 질빵
마지막 훌훌 털어낸 홀쭉한 빈 가슴
매섭게 훑기며 지나가는
벌바람

조상께
술 석 잔
절 세 번 드리고
제 도리 다 했노라 아뢰니
삶 맺집에서 치솟는 눈물
설움 잔에 그득
이제야 내 숙제 장은
빈칸이 다 메워졌다.

자식 새치 바라보며

누구나 태어날 때
타고난 자신의 몫이 있다
그 몫 챙기려, 빼앗기지 않으려
생짜 속으로 내려 뛴
여린 풋 주먹

깨진 막사발처럼
땀 젖어
바늘구멍을 지나온 해진 시간들
세상 바라보는 눈치
찰지게 떠지면서
여린 풋 주먹은 여문 큰 주먹으로
챙긴 자신의 몫
방안 가득 내뿜는 온기
오랜만에 냉골이 따스해진다

세상없는 울타리
옥에 티
뽑는 어미
이녁 늙음보다 더 안쓰러워

찔끔 흘리는 뜨거운 방울
녀석 얼굴에 뚝뚝.

이슬방울 속

포대기 싸여
꼼지락거리다 뒤뚱 걸음
그새 재빠르기가 다람쥐 같다
인파 속에서 눈 깜짝 사이
술래잡기 시키더니
집, 들어서자 공차기 소꿉놀이 하잔다
공 앞에 놓고
앞서거니 뒤서거니 난장판
해맑은 웃음에 녹아드는 웃음

이번에는 장난감 방
드럼 몇 번 두들기다 마이크 잡고 웅얼웅얼
미끄럼틀 폼 나게 타고 내려와
밥 지어놓고
여러 인형에게 골고루 먹인 다음
저도 피곤했던지 슬그머니 잠든
천진스런 얼굴에 겹치는 얼굴들
동심세계
이슬방울 속을 다녀왔다.

첫울음

— 수영

광명을 깨운 우렁찬 파장
탄생의 설화를 안고
돌기 시작하는 시계바늘
기다림이 북받치던
생면(生面)의 순간
세대(世代)의 찬란한 빛
사랑한다
세상에 온 것을.

양력 2016. 1. 18. 3:49′
음력 2015. 12. 9. 3:49′

손 때 묻은 남향집

생애 마지막 덮개
산수 찾아 헤매던 터
두고두고 들인 공
남 보기 초라하지만
좌우로 에워싼 청룡백호
피라미 떼 노니는 합수머리
먼 앞산 기(氣) 뿜는 뾰족 봉우리
사철 냉 온수 솟는 옹달샘
개똥철학으로 바라본 형세와 전경이다

삶이
떼꾼한 이즈음
잘 풀린 효
명당 집 덕이란다.

먼 거리 둔 안심찮은 맘
제 곁에 아파트 사 주겠다
새 집 지어주겠다
꼬드기며 엄부럭 떨어도
귀담아 듣지 않는 고집

손때 묻은 남향집 이 터에서
한 세월 살련다.

바다는 기억한다

한 시간쯤 뛰어가면 다다를 것 같은
수평선 뒤로하고
넘실넘실 밀려오는 파도
저 소리는 인류와 더불어 살아온 숨소리
철써덕 철써덕
발밑까지 다가와 숱하게 남겨진
자국들 낙서들 감정들을
슬금슬금 지우고 또 지운다.
아, 저것은
지우는 것이 아니라
기억하는 중이다
희노애락 부스러기들을
어딘가에 가득 채워 담는 중이다
아마 바다 밑 창고에는 기구한 사연들이
가득 쌓여 있을 것이다

해변을 거닐면
엎질러진 싸한 체취들이
쓰적거리는 이유를
이제야 알 것 같다.

산불

숨 막혀 기침해대는 하늘
갈잎과 바람은 기름이 되어
멸종의 시간을 펼쳐들고
화마의 입질을 앞세워 산을 오르고 있다

등성이를
불길도 뛰어넘고
동물도 뛰어넘고
새들도 날아넘고
지붕까지 타고 앉아 널름거리는 혀
비행기 펴 나르는 물 감질나
소낙비 한줄기 갈구하다
실신하는 산

재티로 휘날리는 영혼들
살벌한 까마귀 떼
이 화증(火症)
몇 십 년, 몇 백 년 걸릴지
저 산의 눈물이 내 눈물이다.

부시쌈지

생 보리풋바심에 부대껴 여윈 손
텃밭 김매랴
시부모 점심 차리랴
들밥 내가랴
칭얼대는 새끼 보듬으랴
몸 가눌 틈 없는 춘삼월

갈라진 구덕 살 약쑥 문질러
북 찢은 걸레헝겊으로 처매고
흙에 찌든 양말과 그루터기에 찢긴 장화
누덕누덕 기운 삼베적삼에 너덜거리는 밀짚모자
쟁기 지고 누렁이 앞세워
밭가는 산 메아리 쩌렁쩌렁

가재 피라미 모래무지 노니는
밭머리 개울가
아카시아 꽃 향 그늘 아래
함지에 담아온 김 무럭무럭 반지기 들밥
고수레, 봄나물 묵나물 고추장 쓱쓱 비벼
수북 밥 뚝딱 비우고 개울물 한 대접 쭉

담배쌈지에서 꺼낸 작은 부시쌈지
부싯돌에 부싯깃 맞대고 부시로 몇 번 쳐
깃에 옮겨 붙은 불 모락모락
허리춤에 찼던 곰방대에 댕겨
빽빽 빨아 내 뱉는 연기
큰 밭 한 떼기 또 갈아엎는
땅거미.

순교

숨결은
육신은
베이고 찢겼으나
베지 못한
얼…….
박해의 언덕을 넘고 넘어
이룬 풍년의 물결
방방곡곡 출렁출렁
뿔 나팔소리
하늘의 박수소리
약속은 살아 있었다.

발바리의 모성

설레발치는 앙증맞은 짓들
채소밭 화단 주변이 쑥대밭
날아드는 쇠파리 냄새 털
부삽과 비 들고 성가신 나날

몽땅 분양되던 날
어디서 놀고 있겠지 안심했던 어미
어둠이 밀려오자
청각 후각 아니 오각을 곤두세워
사방팔방 길녘 향해 실룩거리는 코
바스락 소리에도 쫑긋 세우는 귀
어디선가 달려올 것 같은 초조한 기다림
몇 날 며칠 실망으로 내리는 꼬리
와락 껴안고 다독여 주자
몸 부르르 흐느끼는 신음
—미안하다 모성에 아픔을 주어서
너도 그렇게 이 집에 왔잖니
이별은 잊혀짐이 아니라 단념이겠지
바싹 마른 감성 추스르며 다시 찾은 식욕.

색과 색 사이에서

부리나케 달려오는
서릿발
다소곳이 기도하는 푸르름

우수수
허적거리는 빈 가슴에
툭 툭 툭

깜짝 놀라
코트깃을 세운 발걸음
단풍과 갈잎 사이에서
방황
나의 색은?
갈잎 꽁무니 붙잡고 다그친다.

늦가을

아낌없이
다 내준 헌털뱅이
빈 가지에 약속을 걸어두고
떠나가는 바쁜 걸음
미처 인사도 못한
어슬어슬한 문턱

귀뚜라미 울음 밟고 서서
귀 기울이면
어디선가
상여소리 들려오고
군불 지피는 소리 들려오고
콩 터는 도리깨질소리도 들려온다.

망각의 곡선

텃밭에 농약통만 덩그러니
이틀째
죽어있었던 시간
깨우는 휴대폰
—여보 여기가 어디인지 모르겠어
유괴된 것 같아
집을 찾을 수 없어, 뚝
뒤를 밟는 112차량
손 등 비추는 두멧길
밤 떠나가듯 불러대는 이름

낳고 자란 손바닥 길을
지척이 천리인 양
부축으로 매달려 오는 추레함
말술 마다않던 뒷심
이윽고 자물쇠 채울 참인지
이랑진 생
더께로 앉은 그을음
풀벌레 소리 아리게 들려온다.

4부

이끼 낀 밥사발

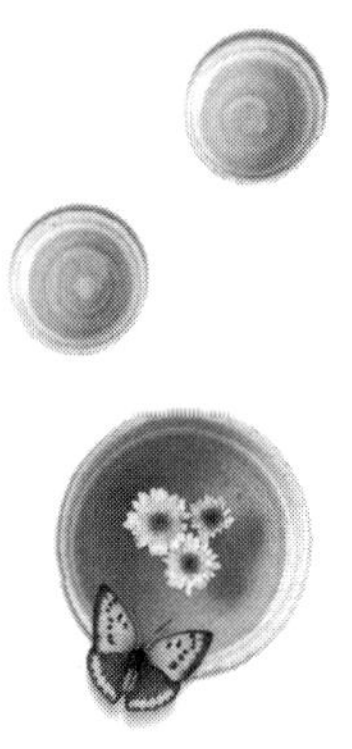

5초의 공간

눈과 눈
마주치는 느낌의 속도
5초란다
그 찰라
호박이 넝쿨째 굴러들기도 하고
나락으로 떨어져 깨지기도 하다가
호둣속 미로에서
학이 까마귀가 되며
까마귀가 학이 되며

인생은
이 굴레에서
떼를 쓰다가
탐을 내다가
깨진 그릇 맞추기 하다가
무쇠를 갈아 바늘을 만들다가
환산할 수 없는 숙제를 남긴 채
5초의 늪에서 눈을 감는다.

멈추어 선 추

좁은 공간 안에서
좌, 우
미지(未知)로 달려가는 추
댕 댕 댕……
게으름 닦달했던 종
밤사이
차렷 자세로 서 있다
달래며 어르며 손 써 보았지만
몇 번 끄덕이다 제자리
이제 갈 때가 됐으니
그만 보내달란다

싸늘히 식은 추 뒤
비밀 지하에는
한 젊음의 일대기가 오롯이
담겨있었다.

소치에서 불어온 바람

일초 나누기 천
번개 불빛 사이에서 낚아챈 메달
하늘 높이, 높이 휘날린
코리아 위상 상표

빙판에 엎지른
X의 값
셈으로 풀어 늘이면
책 한 권을 메우는
난해한 긴 공식이 되겠지
그 공력이 메달의 무게요 값이지

텃세로 빼앗긴 메달
손꼽아 세어보면 터지는 분통
설마, 설마 가슴 조였는데
또 뒤집힌 색깔
속으로 감추는 연아의 눈물
이 눈물은
이 나라의 눈물이다.

풋술 한 잔

물고기는 속아서 낚시를 물지만
머슴들은 살기 위해서 문다
일자리는
공염불로 게걸거리고
꺼둘린 새경은
문 닫으나 마나 동지섣달도 한데다
퉤~ 내뱉는 껌
꼬질꼬질 통장에 툭 달라붙는다
쥐구멍에서 끌어당기는 햇살
신역이 고되다.

의림지의 혼

물 양보다
세월 양을 더 많이 간직한
수면 한 가운데 널브러진 햇살자락 타고
삼한(三韓) 동맥의 혈기들이 울려대는 농악
호수 밑바닥에 묻혀진
진흙투성이 야무진 혼들이 벌떡 일어나
노송들을 껴안고 덩실덩실 춤추다가
물장구 쳐 멱을 감다가
호수를 어루만지며 닦는 감격의 눈물

아, 세기의 걸작품
대대손손 만방에
자랑하며 으스대며 시 읊으며
풍년을 누려왔소
여기에 탯줄 늘인 큰 손 영웅은 뉘실까
제천을 우뚝 세운 선경지명
14만, 두 손 모아 술잔을 올립니다.
삼배(三拜) 드립니다.

이끼 낀 밥사발

어리광 부리던, 겨우 솜털 벗은
생떼 같은 자식 배 곯을까봐
제 그릇에 밥 담아 부뚜막 올려놓고
합장기도 하시는 파리한 손

사립짝 녘 버릇처럼
바라보시다 한숨 적시다
물크러진 눈시울
낯선 인기척에 버선발로 뛰어나간
봄 햇살에 싸인
하얀 잿봉지

한 가닥 기다림마저 깨진 허망함이여
어미도 재가 되면 생시가 되겠느냐
밥 한 끼, 장가도 못들이고 가슴에 뿌려야하는
내 아들 장한 내 아들
엄동설한 몸이 얼어들 때
총알이 살을 뚫을 때
폭탄파편을 뒤집어썼을 때
얼마나 아프고 무섭고 추위에 떨었느냐

어미 품에서 고이 잠들거라
어렸을 적 자장가 불러주마

싸리문 앞 감나무 높은 가지에 매달린
어머님 눈물
이끼 낀 밥사발에 그득, 지금도 떨구신다
멈출 날은 언제쯤일지.

도시락

너,
앞잡이 완장 차고 설칠 때
애국을 고자질 할 때
호의호식 아부질 할 때
나,
오직 조국을 가슴에 품고
가족 팽개친 채
밥 대신
폭탄과 권총과 목숨을 담아
적장 가슴에 태극기 꽂아놓고
당당하게 형장이슬로 걸어 간
거룩한 발자국은
해방을 불러들였다
너,
다시는 안 먹겠다고 침 뱉은 우물
태극기 물결 속에서
하얀 한복으로 갈아입은 철면조
이 땅을 지킨 주인은 누구인가.

빈 병

쌓인 더미 속에서
들려오는 시끄러운 아우성
계층의 더듬이들
탈탈 털어
상생을 따르고
사랑을 따르고
고단함을 따르다
굴러다니는 빈 몸뚱이들
떳떳이
환생을 기다리는데

이 놈의 빈 병은
무엇을 담으려고 떼를 썼으며
무엇을 따르려고 땀을 흘렸는지
지금은 무엇을 담고 있는지
빈 병이
빈 병에게 묻는다.

결산

억지가 사촌보다 낫다
이 역설이 옳다고 살 길이라고
얼렁수 고집을 틀어대며
암팡지게 나댄
내가 머물렀던 칸 칸 칸
호사스럽던 이문은
잠시 맛보기일 뿐
기댓값은
본전치기는커녕
밑진 칸이 더 길었다.

결산서
손해 본 듯했지만
키로 까부르고 나니
'효' 가 방끗 웃고 있네요.

벼락불 떨어질 뻔했다

외진 골짜기
튼실한 것 옹긋쫑긋 아예 밭이다
이런 옹골찬 것을 어찌 나에게
건드렁 타령 웅얼거리며
윗옷 보자기 삐져나오게 한 보따리

가끔 시답잖은 짓에 속아본
눈치 빠른 아내 이웃 할머님께
—이거 먹는 거 맞아요.
—이런 되통스런 사람 보았나.
하얀 솜털에 싸여 태엽처럼 풀리며
자라는 것이 참 고비여
이건 독 품은 황 비늘고비여

하마터면
벼락불 떨어질 뻔했다
저승에서도 귀가 가려울 뻔했다
돌다리도 두들겨 보라는 속담
되새김질하면서 코가 납작해졌다.

달맞이 꽃

하룻밤이 일생인 여
남들은 단잠 든 시간
맘 문 열어놓고 초조히 기다리는
신방 가로막는 구름떼
틈 사이로
실낱같이 삐져나오는
색신(色身) 껴안고
간신히 채운 노란 욕정
겨우 수태된 몽우리들
책임 다한 단명
새벽이슬 한 모금 삼킨 뒤
아침 햇살 널 속에 눕는다

뉘엿뉘엿 저녁 참
절뚝거리는 한 할머니
다래끼에 가득 따 담은 풋 송이
신통한 효험 있었다나
팔자를 탓해야 할까
덩달아 춤춰줘야 할까.

독도는 아프다

숨 쉬고 화내고
사랑을 줄줄 아는 모성
고요한 밤에는 외롭고 쓸쓸한지
철썩철썩 살며시 부르는
정체 모를 임

애초부터
앞섶 풀어헤치고 내맡겼던 젖가슴
쉬 뜨겁지도 식지도 않던 강단
이즈음 속병을 앓고 있다

얼마나 탐내왔으면
얼토당토않은 족보 들이대며
조선의 자식을
쪽발이 자식이라고 떼질
그것도 모자라
후대까지 지피는 불
막된 심보
명심보감으로 가르쳐야 하나
회초리로 다스려야 하나
이 답답함을…….

밟힌다는 것
— 민들레

멀쩡한 날 없이
파랗게 질린 땅바닥에 붙은 키
이슥한 밤 돼서야
별 헤아리며 마시는 이슬

밟힌다는 것
얼마나 더러운 기분인지
업신 당하는 것
얼마큼 굽혀야 되는 것인지
아무리 뱉어내도 치미는 신물

봄이 흔들어 깨운다
혼절한 정신을
몸은 비록 납작이지만 피는 뜨거워
노랗게 피어오른 사춘기
날이 차면 예쁜 홀씨
바람 부는 날 아주 멀리멀리
기름진 나라로 날리겠지
밟힘의 대물림 뼈에 사무쳐서.

허리띠

띠 구멍 표준점에서
안으로 밖으로 두세 구멍씩
내 뚫리고 들여 뚫릴 때마다
발자국은 휘청거렸지

입사 턱 양복에 딸려왔던
쇠가죽 띠
매몰차게 졸라맨 시련들
허옇게 핀 얼룩 소금기
험하게 뚫린 못 구멍
툭툭 갈라진 흠집
쌀 한 포대 쳐든 뱃심에
픽 흘러내린 바지
질기기로 소문난 너도 세월 앞에선 장사가 없구나

화장(火葬)시키는 냄새
이 몸 또한 저 냄새겠지
바람에 휙 날리는 재
너는 두 얼굴이었다
소의 영혼
인간의 소유물.

男화장실에 女가 줄 서있다

어귀에 걸려있는 팻말
제아무리 눈 비비고 살펴봐도
사내 그림,
여자 줄에 섞여 머뭇거리는 꼬락서니
살다, 살다 별꼴 다 보네

빽빽하게 들어선 화장품 냄새
등 밀치며 연신 들락날락
참다, 참다 터질 지경
에라 모르겠다, 냅다 쏘는 줄기
마주친 눈빛
미처 올리지 못한 지퍼
찔끔 감는 눈
미안쩍은 이 노릇을

소변기에서
대변기에서
서로 쏘아대는 폭포수.

우주 같은 궁

사내들이란
치마 속 비밀이 궁금해
곤두세우는 상상
어렴풋이 헤아리면서도 혹여
풍문으로 떠도는 그 무엇 새로움을
찾으려 채우려 떠도는 바람

비밀번호를 허공에 걸어놓고
펄럭이는 치마
더 큰 솥을 달구려 지피는 불
무엇이 끓고 있는지
무엇을 채우려는 꿍속인지
치마들만이 아는 속내

컴컴한 치마폭 그 안에는
우주 같은 궁
해 같은 빛
지구 같은 생동이 자전을……
사내는 그 자전 속에 서 있는
한낱 울타리.

퇴화된 두 다리

독을 뿜을 수도
낚아챌 꾀도 없는
타이어 조각 비늘을 단
커다란 뱀이 기어 다니는 시장바닥
'주여 나를 보소서'
찬송을 온 몸에 휘두르고
동전 한 잎을 찾아 발걸음 사이를 누빈다.
생화의 값을 담아갈
낡은 바구니 속
어쩌다 떨구는 동전 한 잎에
깜짝 놀라 인사하는 파리

뱀의 머리 위로
부자 높은 사람도 지나가고
목사 스님도 지나가고
잡배도 지나가고
언 땅에 버려진 저 고해(苦海)는
우리 모두의 빚

사나운 욕념들
나도 뱀의 행세로 살아가는 중이다

*생화 : 먹고 살아가는데 도움이 되는 벌이나 직업
*고해 : 괴로움이 끝이 없는 이 세상

팔월의 바다

땡볕을 헤적여 찾아든
발 들여놓을 틈 없는 해변
물빛과 살빛의 물보라
찬란한 무지개
쾌재를 지르는 아우성
섹시들
색채들
마구 버무리는 물결
양념이 잘 어우르는 육계(肉界)
흐르는 전류
끓는 몸살
여름 바다는 섹시의 바다

부엉 바위

촌음 길목에 잠시 머문
하늘 찌르는 권세
기어코 일으키는 흉풍

깨끗함 자랑하던 백로
용수철처럼 튀어 오른 오물
더렵혀진 깃털 뽑고 뽑다
혼령까지 뽑아
절벽 아래로 내던진
훌훌 털어내는 지저분한 권력

검은 리본 구름떼
끝이 보이지 않는 조문 열
답례로
숙이기 싫어 부러졌노라고
흔드는 손

싱그러운 5월
불어오는 바람
왜 이리 칙칙한가.

자유를 잃은 강

엉그름 틈에 꿇어 앉아
비틀린 목구멍에
마중물 부어대며 올리는 기우제

자유를 잃은 4대강 줄기
녹이 배는 둥둥 떠도는데
그림의 떡인 논다랑이
도리깨침을 흘리고 흘리다
검불이 되는 이삭들

시멘트벽에 갇힌
생기 잃은 저 강은
죄 없는 죄로 감옥 중이다.

장락, 칠층 모전 석탑

이 고을 산하에
맨 처음 법등 밝혀
번뇌를 일깨운 서광의 상징
무슨 언걸 맺혔기에
모질게 잘라간 목, 맵살스런 중생
자비로 닦아내며 돌리는 염주

납작하게 다듬어진 한 장 한 장
멋들어지게 휘갈겨 쌓아올린 혼불
칠층 네 귀퉁이마다 나는 듯
걸려 있었던 풍령, 지금은
새들이 앉아 지저귄다
불붙듯 타오르던 불심
어이해 냉랭한 기운이 우짖는가

불경 목탁 소리
사리 굴러드는 소리
백배 기원 소리
머금고
천년을 서 있다
목 없이 서 있다.

반딧불이와 소쩍새

마당 한 가운데
보리 까끄라기 모닥불 가
불꽃놀이 하는 반딧불이
아버지 졸라 호박꽃에 가둔 노란 등
마당을 휘돌다
홑 이불속을 비추다
엄니 가슴을 비추다
멍석자리 머리맡에 놓고 누우면
엄니 까칠한 손
한쪽 손은 등을, 한쪽 손은 부채질
하다말고
귀여운 내 새끼 꼭 껴안아 입맞춤
기지개 켤라치면
사타구니 손 넣어 쭉쭉 커라, 커라
예쁜 씨받이 고추

서쪽서쪽 애잔한 네 목청은
예나 지금이나 그지없는데
가슴 켜켜이 되짚어 오를수록
글썽이는 광솔 불빛.

옹이

노송에 박힌 옹이는
예쁜 무늬와 향 묻어나지만
마음속에 박힌 옹이는
더욱더 날 서
미움으로 번져 가는 독
끌로 파내고
대패로 밀어내도 흉터는 아파라

깊이 파인 자국, 자국마다
시상(詩想)으로 갈아엎고
시어(詩語) 심어 새싹 돋아나면
밴댕이 소갈머리
맑은 물 졸졸 흘러내리겠지.

명성황후 생가

때때 옷
안방 문 열고 종마루 앞마당 거쳐
사랑채 행랑채 별당을 지나
마중 나올 것 같은 임
호롱불빛에
천자문 명심보감 읽는 소리
공기 돌 부딪는 소리
꽈리 부는 소리
손톱에 봉숭아 물드는 소리
여덟살 소녀는
이 집안에서 이 뜰에서
해를 껴안고 달을 껴안다
임금을 껴안고 권력도 껴안았다

엎질러지는 국운
보다 못해 걷어붙인 팔
간자, 손짓에 숨어든 자객
땅바닥에 나뒹군 봉황 비녀
민자영 44세

의병이 일어나고
상투머리가 잘리고
이름도 빼앗기고
생존을 수탈당한 껍질로 산 삼십 육년
경북궁 안방은 피 묻은 채 비어있다
지금도 비어있다.

詩가 버스를 탔다

자투리로 버려질
아까운 시간
시집 문을 열고 들어가
탐미(耽味)하는 순간순간
시어들이 핏속을 돌아 심벌을 타고
음기 속을 흐를 즈음
갑자기 어두움을 칠하는
터널의 심술
턱밑
감기고 싶은 미끈 허벅지
뒤척이며 짓궂게
몸살 바이러스 풍겨도
이 순간만큼은 김빠진 맥주다

탄다, 시 불에 혼이 탄다
찍어맨 인간사 이런저런 연(緣)들이
이승 저승 가지에 주렁주렁
시 숲을 이슬떨이로 헤적이며
마지막 장을 넘겼다
한양.

‖ 해설 ‖

따뜻한 정서와 깨어 있는 정신

— 원상규 시인의 작품 세계

문학평론가 리 헌 석
(사) 문학사랑협의회 이사장

1. 원상규 시인은 누구인가?

원상규 시인은 1942년에 충청북도 제천군에서 출생한다. 당시는 일제 강점기에서도 말기였기 때문에 우리 겨레 대부분이 고통스럽게 살아낼 때였다. 태평양 전쟁이 극심하여 젊은이들이 징용이나 정신대로 연행되어 타국에서 고통을 받았으며, 국내에 남은 이들도 전쟁의 공포와 처절한 생활고를 겪던 때였다.

이런 외적 환경과 함께 설상가상(雪上加霜)으로 시인은 형언할 수 없는 고통을 겪는다. 시인이 태어난 후 네 살 되던 해에 어머니가 작고하셨고, 그로 인해 시인은 어머니의 얼굴도 기억하지 못한 채 막연한 그리움으로 평생을 지낸다. 시인의 아버지는 상처(喪妻)의 아픔을 안고 살았을 터, 또한 빈

농으로서 자녀를 양육해야 하는 이중고를 겪었을 터, 이와 같은 요인으로 정착하지 못한 아버지를 따라, 여러 학교로 전학하며 새 어머니 손에 성장한다. 진학을 미루고 직업전선에 뛰어들어 매서운 사회생활을 경험한 것도 그에게는 피할 수 없는 운명이었다.

그러면서도 배움에 대한 열정이 강하여 늦깎이로 대학을 졸업하고, 국방의 의무를 다한 다음, MBC문화방송 아나운서 공채에 합격한다. 첫 발령은 MBC제주방송국이었고, 몇 년 근무하다가 고향인 충북의 MBC충주방송국으로 자리를 옮긴다. 그리하여 꿈에도 그리던 고향, 제천시에 둥지를 틀고 안착(安着)을 한다. 이때의 상황을 절실하게 승화시킨 작품이 「마지막 학비」라 하겠다.

밭갈이 씨암소
동네에서 탐내는 일꾼
네 발로 버티다 엉덩이 얻어맞고
팔려가는 뒷모습
빈 외양간
여물 먹는 소리
워낭소리
살림이 반은 축난 것 같은
허전함

—네 뜻 이루기 전엔 집에 오지 마라
애비의 마지막 학비다

진달래가 앞산을 세 번 물들인 봄날
아버님은 신이 나서
머리맡에, 마실 다닐 때, 논밭 일할 때
늘 따라 다니는 휴대용 라디오
가끔 민요와 사연 담아 띄워 드리면
혼자 덩실덩실 춤추셨지

—아들아 오늘 네 뉴스 목소리 참 멋지다
수화기에서 들려오던 싱글벙글
억지로 끌려가던 누렁이 울음
밤하늘에 별처럼 닿을 수 없는
반짝이는 빛.

—「마지막 학비」 전문

소를 팔아 대학의 마지막 학비를 마련한 당시 상황의 반영이다. 해방 후 자녀를 교육시키느라 시골에서는 소를 팔거나 전답을 팔아야 했다. 그런 연유로 한 때 대학을 우골탑(牛骨塔)이라고 부르기도 하였다. '소의 뼈로 쌓은 탑'이라는 의미다. 원상규 시인 역시 아버지가 소를 팔아 보내준 마지막 학비로 대학을 마친다. 2연의 〈네 뜻 이루기 전엔 집에 오지 마라/ 애비의 마지막 학비다〉라고 당부하는 아버지의 말씀은 더 이상 팔 것이 없다는 눈물겨운 당부이기도 하다.

마지막 학비를 내고 졸업한 원상규 시인은 군 생활을 마친 3년 후 MBC의 아나운서가 된다. 아들의 목소리를 듣기 위해, 아버지는 늘 머리맡에 라디오를 두고 계셨다. 마실 가실 때, 논밭에서 일할 때에도 휴대용 라디오를 들고 다니시며 아들의 목소리를 기다리셨다. 아들의 프로가 진행될 때면 혼자 덩실덩실 춤을 추시던 아버지는 〈아들아, 오늘 네 뉴스 목소리 참 멋지다〉고 전화를 하셨다. 그 목소리를 들은 시인은 자신의 마지막 학비를 위해 〈억지로 끌려가던 누렁이 울음〉소리를 유추하며 애잔한 추억에 젖는다.

이와 같이 그는 정서적 감수성이 특별히 예민한 사람이다. 방송국에서 일을 하며 그가 만나는 정서적 충격을 시로 빚는다. 그리하여 여러 편의 시를 창작한 그는 65세 되던 2007년에 문학전문지 계간 『문학사랑』의 신인작품상에 당선하여 등단한다. 이어 같은 해 '한국인터넷문학상'을 수상하면서 괄목상대(刮目相對)할 문학적 성장을 이룬다. 현재 한국문인협회 제천시지부 회원으로 활동하며, '시여울' 동인이고, (사)문학사랑협의회 이사로 활동하고 있다.

2. 원상규 시인의 작품 세계

2.1 감수성이 예민한 원상규 시인은 '연민의 정서'를 작품에 담아내어 감동을 생성한다. 눈물 젖은 빵을 먹어본 사람이 삶의 진정한 의미를 깨닫는다는 말과도 상통한다. 일제강점기와 해방공간, 해방 후의 사회적 혼란, 그리고 동족상잔의 6.25 등을 겪으며 우리 겨레는 가난을 서로 나누며 살아왔다. 이런 시대적 배경은 물론, 가정의 경세사정으로 순탄하지 못한 성장과정을 겪은 시인은 가난한 사람들에 대하여 동병상련(同病相憐)의 정서를 공유한다. 그는 이러한 정

서를 현실화하면서도 겸연쩍어 한다. 그러나 작은 베풂으로 자신을 과시하려는 사람들에 비하여, 원상규 시인의 내면은 '깨어있는 지성인'의 단정한 면모를 보인다.

천 원짜리 국수집
바글바글
기웃거리는 한 할머니
지팡이 기대놓고
―700원, 300원 내일 갖다 줄게.
―제가 주인이 아니라서 마음대로 못해요.

무안당한 얼굴 빛
침 꿀꺽
시장기 억누르며
집어든 지팡이
―아주머니 한 그릇 말아 드리세요.
고마워 어쩔 줄을 몰라
쑥스러울 정도로 인사를 거듭
그것도 적선이라고 가벼워지는 발길
빈 잇몸 사이로 국수가닥 넘기는
허기 메우는 소리가 반갑다.

―「낯간지러운 적선」 전문

시인의 따뜻한 내면을 확인할 수 있는 이 작품은 누구나 읽으면서 이해할 수 있는 에피소드를 담고 있다. 그는 '천원짜리 국수집'에서 국수를 먹고 있는 중이다. 그 때 식당 앞의 문을 기웃거리는 할머니를 본다. 이 작품에서 '기웃거리는 할머니'는 수중에 700원밖에 없기 때문에 손님으로서의 당당함을 잃은 분이다. 나머지 300원의 외상 거래를 트지만 종업원은 이를 거절한다. 그리하여 할머니는 무안한 얼굴로 침을 삼키며 지팡이를 집어 들고 식당을 나서려 한다.

이 모습을 목격한 원상규 시인은 〈아주머니, 한 그릇 말아 드리세요.〉라는 연민의 정서를 발현한다. 이 작품의 결말에 해당하는 〈빈 잇몸 사이로 국수가닥 넘기는/ 허기 메우는 소리가 반갑다〉는 표현은 시인의 천부적 자질을 보여준다. 국수 한 대접을 그냥 대접하는 것으로도 시인의 내면은 충분히 드러난다. 그러나 할머니의 '빈 잇몸'을 관찰하는 시인의 예리한 직관, 그리고 '허기 메우는 소리'를 찾아내어 작품화할 수 있는 문학적 자질은 선천적으로 타고난 감수성의 결과물이라 하겠다.

또한 이 작품의 진수(眞髓)는 문면(文面)의 내용에서 상징적 확장을 할 수 있다는 것이다. 배고픈 할머니에게 국수를 대접한 것은 그의 따뜻한 내면의 반영이다. 그러나 좀 더 확대하면, 어머니를 일찍 여읜 '사모(思母)'의 정서가 발현된 것일 수도 있고, 우리 겨레의 정신적 바탕인 '홍익(弘益)'을 실현한 것으로 해석할 수도 있다. 우리 겨레는 콩 하나도 반으로 쪼개어 나누면서 보릿고개를 극복한 사람들이다. 어려운 생활 속에서도 더 가난한 사람들과 식량과 사랑을 나누면서 환난(患難)을 극복한 민족이기 때문이다.

농촌 옛 주택
활짝 열어젖힌 여름 밤

쥐 쫓던 족제비
제 속력 못 이겨 타넘은 문지방
어루는 알궁둥이 걷어차며
농틈으로 숨은 훼방꾼 침입자
우당탕퉁탕 아수라장
사정없이 두들겨 팬 마대자루
—이 놈아 하필이면 고 순간 대냐
축 늘어진 숨통
마당 한가운데 내 던졌다
기다리던 짝꿍 화들짝 놀래
연거푸 몸 핥으며 씹어 먹인
풀잎?
약초?

밤샌 이른 아침
빈 마당이었다.

— 「족제비가 물고 온 약초」 전문

우리 농촌의 여름밤 풍경에서 만날 수 있는 에피소드다. 쥐를 잡으러 쫓아오던 족제비가 쥐를 따라 방까지 들어와 소동을 일으킨다. 장롱의 틈에 숨은 족제비를 자루에 잡어 넣고 마대자루를 패댄다. 축 늘어져 죽은 줄 알고 마당에 내던진다. 그때 바깥에서 망을 보던 족제비의 짝이 죽어가는 짝의 몸을 핥으며 무엇인가 먹인다. 그가 〈밤샌 이른 아침〉에 나가보니 〈빈 마당〉이었다. 즉 죽어가던 짝을 살려서 데려갔거나, 아니면 시체를 물어 갔을 터이지만, 시인의 시각은 전자(前者)에 무게를 둔다.

이 작품은 단순한 에피소드일 수 있지만, 부부의 정이 날로 옮아지고, 때로는 이혼율이 높아지는 세태를 고발하는 의미를 띠기도 한다. 짝이 입으로 먹여준 〈풀잎?/ 약초?〉라는 의문 역시 죽어가는 짝을 살려 데려간 것을 암시한다. 진솔하여야 할 사랑을 일회용 커피처럼 여기는 세태, 그리고 일부 매스컴에서 '이혼을 필수'라고 부추기는 비윤리적 양태(樣態)를 비판하는 시각이 담긴 작품이기도 하다.

2.2 아나운서로 언론계에서 봉직한 원상규 시인의 작품에는 '연민의 정서'와 '비판적 시각'이 공존한다. 서로 다른 듯하지만, 약자에 대한 긍휼(矜恤)의 양면(兩面)에 해당하기 때문에 거의 동질성을 띤다.

물고기는 속아서 낚시를 물지만
머슴들은 살기 위해서 문다
일자리는
공염불로 게걸거리고
꺼둘린 새경은
문 닫으나 마나 동지섣달도 한데다
퉤~ 내뱉는 껌
꼬질꼬질 통장에 툭 달라붙는다
쥐구멍에서 끌어당기는 햇살
신역이 고되다.

—「풋술 한 잔」 전문

원상규 시인의 첫 시집 제목이기도 한 이 작품은 그의 내면을 적나라하게 보여준다. 〈물고기는 속아서 낚시를 물지만/ 머슴들은 살기 위해서 문다〉에서 피죽이라도 먹고 살아야 했던 머슴 혹은 소작인의 간난신고(艱難辛苦)를 제시한다. 돈벌이가 없어 밥이라도 먹고 살려고 머슴으로 들어가던 시절, 함부로 휘두름을 당하는 '꺼둘린 새경'에도 눈물을 머금고 수용할 수밖에 없었을 사람들의 삶이다. 주인이나 마름은 머슴의 새경을 깎기도 하고, 검불과 섞인 곡식을 가마니에 담아 새경으로 주기도 하였을 것이다.

오래 전에 존재하던 머슴은 사라진 지 오래다. 그러나 현대에도 머슴과 같은 위치에 놓여있는 근로자들이 상존하고, 그들의 비참한 처지가 시인의 정서적 안테나에 잡혀 작품으로 형상화된다. 특히 다문화시대를 맞은 우리 사회에서 외국인 노동자에 대한 차별로도 상징되는 이 작품은 사회적 약자들의 삶에 대한 사회적 고발 성격을 띤다.

이와 함께 사회적 병폐로 일컬어지는 '한국의 교육병'에 대한 비판적 시각도 절실하다. 자식의 교육을 위해 때로는 목숨까지 버리는 부모들의 무분별한 양태, 그로 인해 자녀와 제자들로부터 위해(危害)를 받는 부모와 스승의 참담한 현실을 간결하게 담아낸 시가 다음의 작품이다.

일류대(大) 다그친 성화
속진을 끓이고 끓이던 한계에 찬 인내
연을 이은 탯줄,
퍽 끊어지는 소리
부모들은 몽둥이를 맞았고
스승들은 절뚝발이가 되었다

혼령과 생령은
시치미를 뚝 뗀 체 나란히 누워
엄마의 따뜻한 속 불을 쬐면서
어리광 부리다 문득
엉클어진 타래를
으깨진 모성을
검뜯다 터진 목울음
누가 그 누가 어떻게 달래주고 풀어줄 것인가
다시 태어나도
젖을 먹이고 빨 것인데.

— 「엄마와 아들」 전문

이 작품은 일류대 진학을 강요받던 아들이 어머니를 살해하고, 8개월이나 그 시신과 함께 생활한 사실을 형상화한 것이다. 이 참담한 사건을 더 이상 설명하는 것은 의미가 없어 보인다. 다만 낳고 기른 그들, 죽이고 죽은 그들이 〈다시 태어나도/ 젖을 먹이고 빨 것인데〉, 그리하여 삶을 유지할 것인데, 그와 같은 흉포한 선택을 한 그들을 통하여 안타까운 정서를 환기한다.

이러한 정서는 시인의 성장과정과도 연계된다. 「반딧불이와 소쩍새」에서 시인은 유년의 기억을 회상한다. 〈마당 한가운데/ 보리 까끄라기 모닥불 가/ 불꽃놀이하는 반딧불이〉와 〈서쪽서쪽 애잔한 네 목청〉의 소쩍새를 매체로 추억을 펼친다. 어머니가 일찍 돌아가시는 바람에 얼굴도 기억을 할 수는 없지만, 〈엄니 까칠한 손/ 한쪽 손은 등을, 한쪽 손은 부채질/ 하다 말고/ 귀여운 내 새끼 꼭 껴안아 입맞춤/ 기지개를 켤라치면/ 사타구니 손 넣어 쭉쭉 커라, 커라/ 예쁜 씨받이 고추〉를 해 주시던 어머니의 '입'과 '손' '말씀'은 생생한 기억이다. 짧은 기간이었지만, 진정으로 자신을 사랑해 주시던 어머니를 잊지 못하는 시인에게 앞에서 제시한 작품의 제재는 그야말로 충격이었을 터이다.

2.3 이와 같은 충격은 시인에게 깨달음의 세계로 인도하는 계기가 되기도 한다. 어느 순간에 깨닫는 '돈오(頓悟)'의 경지는 그에게 삶의 자세를 가다듬게 한다.

하루,
시침은 두 바퀴 일하고
분침은 스물네 바퀴 일하고
초침은 천사백마흔 바퀴 일 하고도
늘 푸대접에 구박대기

초침아
서러워 마라
사람도 그렇게 산단다.

—「초침」 전문

시계에 대한 즉물시(卽物詩)이지만, 이 작품은 삶의 자세를 제시하는 절창(絶唱)이다. 우리는 시침과 같은 삶을 살기도 하고, 때로는 분침과 같은 삶을 살기도 하며, 또는 초침과 같이 분주하게 살아가기도 한다. 늘 분주하게 일을 하면서도 생활이 나아지지 않거나, 타인들로부터 합당한 대접을 받지 못하기도 한다. 그래서 시인은 초침에게 〈서러워 마라/ 사람도 그렇게 산단다.〉라고 말한다. 즉 사물로서의 초침과 열심히 일하면서도 푸대접에 구박대기로 살아가는 삶의 동질성을 찾아낸 잠언(箴言)적 승화라 하겠다.

이러한 당부는 가족에게로 향하기도 한다. 「딸 시집가던 날」에서 시인은 〈네 둥지/ 네 날개/ 활기차고 넘치길〉 기도하는 아빠가 된다. 「망내 장가보내던 날」에서 시인은 자신의 숙제장에 있는 빈 칸을 다 채웠다고 조상에 아뢴다. 「자식 새치 바라보며」에서 시인은 누구나 태어날 때 타고난 자신의 몫이 있다며, 자신의 몫에 충실한 삶을 살아가기를 기원한다. 「첫 울음」에서는 손녀가 태어난 기쁨을 노래한다. 〈광명을 깨운 우렁찬 파장/ 탄생의 설화〉에 감동한다.

이런 기쁨과 소망 속에서도 원상규 시인은 자신의 정체성을 찾기 위해 끊임없는 작품 창작에 나선다. 「색과 색 사이에서」를 통해 〈방황/ 나의 색은?/ 갈잎 꽁무니 붙잡고 다그친다〉 면서 자신만의 정체성을 찾고자 한다. 이와 동시에 음성상징을 활용하여 정서적 일탈을 형상화하기도 한다.

밤꽃향기 그윽한 밤
들뜬 맘
얄궂게 달구는
색성 서린 음색
귀를 의심할수록 솔깃해지는
달려가고픈 유혹

—홀딱 벗고
—홀딱 벗고

달님도 빙그레
나도 빙그레.

— 「검은 등 뻐꾸기」 전문

밤꽃 향기 그윽한 늦봄에 '검은 등 뻐꾸기'의 울음소리가 들린다. 개개비나 개똥지빠귀 둥지에 알을 낳고, 그 주변을 지키며 태어날 새끼를 기다리는 울음소리에 불과할 터이지만, 음성상징에 의하면 '뻐꾹뻐꾹'의 반복이 〈홀딱 벗고/ 홀딱 벗고〉로 변이되기도 한다. '밤꽃'의 독특한 향기, 그리고 뻐꾸기 울음의 음성 상징을 작품으로 승화시킨 가편(佳篇)이다. 때로는 〈홀딱 벗고/ 홀딱 벗고〉를 꾀꼬리 울음으로 음성 상징화 하여 감감적 이미지를 생성하기도 한다.

이와 같은 형상화는 몇 편의 작품에서 산견(散見)된다. 「달맞이꽃」에서 〈실낱같이 빠져나오는/ 색신(色身) 껴안고/ 간신히 채운 노란 욕정/ 겨우 수태된 몽우리들〉에서 감각적 이미지가 특출하다. 그러나 〈책임을 다한 단명/ 새벽이슬 한 모금 삼킨 뒤/ 아침 햇살 널 속에 눕는다.〉면서 소명을 마친 삶의 양상을 애이불비(哀而不悲)하여 객관화한다. 「밟힌다는 것-민들레」에서 시인은 인생의 축도를 그려낸다. 〈밟힌다는 것/ 얼마나 더러운 기분인지/ 업신 당하는 것/ 얼마큼 굽혀야 되는 것인지〉라고 되새긴 의식은 〈아무리 뱉어내도 치미는 신물〉에 이른다. 이와 같이 원상규 시인은 자연을 통하여 인간살이의 면면을 형상화하고 있다.

3. 원상규 시인의 문학적 지향

예술가들은 자신의 작품을 지고지순(至高至純)의 경지에 올리고자 노력한다. 때로는 생명의 소잔(消殘)을 감수하고라도 작품성을 높이고자 사투를 벌인다. 그림을 완성하기 위해 자신의 귀를 잘랐다는 '반 고흐'의 일화라든가, 시어의 조탁을 위해 조사(助辭) 하나를 완성하기 위해 10여 년의 세월을 견디었다는 여류시조시인의 일화가 이를 입증한다. 해탈의 경지에 오르기 위해 동안거 하안거를 통해 정진하는 자세 역시 그러하다.

원상규 시인 역시 작품 창작에 대한 자세는 이와 다르지 않다. 작품 한 편, 한 편의 완성도를 높이기 위해 언어의 조탁에 힘쓴다. 동시에 훌륭한 불타(佛陀)나 성자(聖者)의 유골에서 나오는 작은 과(果)를 의미하는 사리(舍利)의 경지를 추구한다. 그리하여 현실에서 뛰어난 작품을 창작하고자 진력한다. 이는 곧 많은 사람들에게 오래 기억될 수 있는 작품 창작에 몰두한다는 것에 다름 아니다.

詩는 쓰는 것이 아니고
낳는 것
뱃살이 터지고
뼈가 벌어지고
숨결과 유전자를 나누며

분만한 분신
두어 편 소문나기가
스님의 사리 같다.

— 「서시-시인의 고백」 일부

이 작품에서 시인의 소신을 확인하게 된다. 〈시는 쓰는 것이 아니고/ 낳는 것〉이라며, 시(詩)가 고통스러운 산물임을 적시한다. 이는 〈뱃살이 터지고/ 뼈가 벌어지고/ 숨결과 유전자를 나누며/ 분만한 분신〉에 이르러, 산모가 신생아를 출산하는 과정으로 비유한다. 이러한 창작품이지만 〈두어 편 소문나기가/ 스님의 사리 같다.〉고 고백한다.

시인은 자신의 작품이 '스님의 사리'와 같이 귀한 존재이기를 소망한다. 이러한 소망은 고향 충북의 '농다리'를 통해서도 발현된다. '농다리'는 충청북도 진천군 문백면 구곡리 세금천에 놓여진 옛 돌다리로 지방유형문화재 제28호로 지정되어 있다. 비가 많이 와 물이 넘치면 물속에 잠겼다가, 다시 물이 줄어들면 그 자리에 그대로 있어 행인들이 밟고 내를 건널 수 있다. 오랜 세월을 한결같이 세금천을 지키고 있는 농다리처럼 자신의 작품도 세월을 초극하여 오래 사랑받기를 소망하는 마음을 담는다.

삼백 십 척(尺)
스물여덟개의 발
천년을 걸어 예까지 온
눈빛과 눈빛
심장과 심장

요동치는 맥박이 너무나 닮아 있다

닳은 짚신이 산더미
전설과 유래도 산더미
긴장과 놀람도 산더미
격랑의 숨결
덧 밟아 걷는 발걸음
신라 시대로 걸어가고 있다

역사를 허물며
생생히 살아있는
소쿠리 공법
목청 높여 자랑하고 있다.

—「농다리」 전문

신라시대에 축조된 다리라면 천년 역사를 지녔을 터이고, 고려시대에 축조되었다는 전설에 의하면 몇 백 년이 되었을 터인데, 아직도 변함없이 그 모습을 지니고 있으며, 다리의 기능까지 유지되고 있어, 이 농다리는 시인의 내면에 지고(至高)의 가치로 작용한다. 이는 향토애로 승화되어 지역의 자연과 문화재, 그리고 지역인들의 삶에 대한 작품이 다수 창작되어 공감대를 형성한다.

원상규 시인은 좋은 작품을 창작하기 위해 〈여차하면 원고지 뭉치 볼펜 뭉치/ 괴나리봇짐에 챙겨 방랑길〉을 떠나겠다고 한다. 이와 같은 지향에 의하면, 그는 한 자리에 정착하여 작품을 빚는 것보다 집시나 보헤미안이 되어 세상의 새로운 문물을 찾아 노래하리라 믿게 한다. 정서의 구심력(求心

力)보다 원심력(遠心力)에 의지하는 경향이 커 보인다. 말하자면 태양을 향해 날아가는 이카루스처럼 비상하고자 한다. 태양에 이르기 전에 밀랍(蜜蠟)이 녹아 지상으로 떨어진 이카루스처럼 실패할 수도 있겠지만, 그는 새로움을 추구하는 내적 원형질을 지키며 살아갈 것 같다.

그의 내면처럼 원상규 시인의 작품은 다양성을 확보하고 있다. 처음부터 끝까지 정독하면, 시인과 정서적 공유를 이룰 것이라 믿으며, 몇몇 작품을 중심으로 감상한 원상규 시심의 여로(旅路)를 접는다.

풋술 한 잔

원상규 시집

발 행 일 | 2017년 2월 27일
지 은 이 | 원상규
발 행 인 | 李憲錫
발 행 처 | 오늘의문학사
출판등록 | 제55호(1993년 6월 23일)
주　　소 | 대전광역시 동구 대전로867번길 52(한밭오피스텔 401호)
전화번호 | (042)624-2980
팩시밀리 | (042)628-2983
전자우편 | hs2980@hanmail.net
카　　페 | cafe.daum.net/gljang(문학사랑 글짱들)

공 급 처 | 한국출판협동조합
주문전화 | (070)7119-1752
팩시밀리 | (031)944-8234~6

ISBN 978-89-5669-802-1
값 9,000원

* 이 책은 교보문고에서 E-Book(전자책)으로 제작하여 판매합니다.
* 잘못 제작된 책은 바꾸어 드립니다.